意思決定支援ライフプランノートとは

・このノートを手にしたあなたへ

　このノートは、あなたのこれまでの生き方、これからの希望、いざという時にどのような支援を望むのかについて、家族や信頼のおける人など、これから支援を任せたい人と一緒に考えながら書き進める内容になっています。

　あなたが、支援者と意思のやりとりをしながら、このノートを書き進めることによって、あなたの意思を支援者に理解してもらいます。そのことによって、あなたがこれからの生き方を見いだしていくとともに、支援者にとっても「あなたの意思を尊重した支援をするための礎になっていく」、それがこの意思決定支援ライフプランノートなのです。

・支援者の方へ

　本人のことを知り、本人の意思を理解することは、本人への良い支援につながります。本人とやりとりをしながら、本人が本人の意思に沿った適切な支援を受けられるように一緒に考えていくこと、それが支援者に求められる意思決定支援です。

・別冊解説について

　この意思決定支援ライフプランノートには、別冊解説がついています。
　別冊解説には、品川成年後見センターが日々の相談実務の中で培った、意思決定支援に必要な内容を載せています。このノートを書き進める際の参考にしていただければ幸いです。

・このノートの留意点

① 日付を入れましょう。
　　いつの時点の意思なのか分かるように各頁にその意思を書いた日付を入れましょう。
② 書けるところから書き進めましょう。
③ ノートの保管場所は、明らかにしておきましょう。
　　家族や支援者に保管場所を伝えておきましょう。
④ 定期的に読み返しましょう。
　　意思は、月日とともに変わる場合があります。変更したい箇所が出てきたら、その都度書き直しましょう。その時は、日付も忘れずに記入しましょう。
⑤ 法的効力はありません。
　　このノートは、あなたの意思を支援者に伝え、理解してもらうためのもので、法的効力はありません。

平成27年3月
　　　　　社会福祉法人品川区社会福祉協議会　品川成年後見センター

意思決定支援 ライフプランノート

もくじ

意思決定支援ライフプランノートとは

● わたしのこと

- わたしのプロフィール……………………………………………4
- わたしの支援者リスト……………………………………………4
- わたしの年表………………………………………………………6
- 輝いていたわたし…………………………………………………8
- 輝いていたわたしの写真…………………………………………10
- 支援者からのメッセージ…………………………………………11
- これからのロードマップ…………………………………………12
- 支援者からの応援メッセージ……………………………………13

● 暮らしの金銭管理

- 定期的な収入………………………………………………………14
- 預貯金………………………………………………………………16
- 有価証券・その他の金融資産……………………………………18
- その他の資産など…………………………………………………20
- 保　　険……………………………………………………………22
- 不動産………………………………………………………………24
- 定期的な支払………………………………………………………26
- 借入金・ローン……………………………………………………27
- 借金の保証人など…………………………………………………27
- カード類……………………………………………………………28
- 貸金庫………………………………………………………………29

- ・ペット …………………………………………………………… 30
- ・パソコン ………………………………………………………… 31
- ・財産のことで今、やっておきたいこと、整理しておきたいこと …………… 32
- ・支援者からのメッセージ ……………………………………… 33

● 健康のこと

- ・既往歴 …………………………………………………………… 34
- ・かかりつけ医 …………………………………………………… 36
- ・入院時連絡リスト ……………………………………………… 38
- ・医療や介護の希望 ……………………………………………… 39
- ・告知・終末医療 ………………………………………………… 40
- ・入院・介護のことで今、やっておきたいこと、整理しておきたいこと …… 42
- ・支援者からのメッセージ ……………………………………… 43

● 葬儀・遺言の準備

- ・葬儀の希望 ……………………………………………………… 44
- ・葬儀の連絡リスト ……………………………………………… 46
- ・埋葬の希望 ……………………………………………………… 48
- ・遺　言 …………………………………………………………… 50
- ・葬儀・遺言のことで今、やっておきたいこと、整理しておきたいこと …… 52
- ・支援者からのメッセージ ……………………………………… 53

編者紹介

わたしのこと

● わたしのプロフィール

フリガナ
名　前 _____

生年月日　　明治 ・ 大正 ・ 昭和　　　　年　　　　月　　　　日

血液型　　　　　　　　型

住　所 _____ TEL _____

● わたしの支援者リスト

支援者とは、家族や信頼のおける人です。もしもの時に支援してもらいたい人のリストを書いてみましょう。あなたとの関係も書いておきましょう。

　　　　　　　　　　　　　　　　　　　　　　　年　　　月　　　日現在

フリガナ
名　前 _____ 関係 _____

住　所 _____ TEL _____

フリガナ
名　前 _____ 関係 _____

住　所 _____ TEL _____

フリガナ	
名　前	関係

住　所　　　　　　　　　　　　　　　TEL

フリガナ	
名　前	関係

住　所　　　　　　　　　　　　　　　TEL

フリガナ	
名　前	関係

住　所　　　　　　　　　　　　　　　TEL

フリガナ	
名　前	関係

住　所　　　　　　　　　　　　　　　TEL

フリガナ	
名　前	関係

住　所　　　　　　　　　　　　　　　TEL

わたしのこと

暮らしの金銭管理

健康のこと

葬儀・遺言の準備

● わたしの年表

家庭、友人、仕事、趣味、大きな出来事、当時自分が打ち込んだことなどを書きましょう。
好きなところからスタートしてください。

　　　　　　　　　　　　　　　　　　　　　　　　年　　　月　　　日現在
　　　　　　　　　　　できごと・ことがら

幼少期

10代

20代

30代

できごと・ことがら

40代

50代

60代

70代以上

わたしのこと | 暮らしの金銭管理 | 健康のこと | 葬儀・遺言の準備

● 輝いていたわたし

かけがえのない人と過ごした日々や、永遠に大切にしていきたい思い出を書いて、あなたの心のアルバムを分かち合ってもらいましょう。

　　　　　　　　　　　　　　　　　　　　　　　年　　　月　　　日現在

わたしのこと

暮らしの金銭管理

健康のこと

葬儀・遺言の準備

● 輝いていたわたしの写真

あなたが輝いていた時の思い出（写真）を保管してみましょう。

● **支援者からのメッセージ**

本人の年表や輝いていた思い出（写真）を見て、どう感じましたか。新たな発見もあったと思います。本人へのエールも込めて言葉として残しておきましょう。

名前　　　　　　　　　　　　　　　　　　　　　　　年　　月　　日現在

● これからのロードマップ

今夢中になっていることや今後の目標、決意などのこれからやってみたいことを自由に記入してみましょう。好きな年代の欄からスタートしてください。

　　　　　　　　　　　　　　　　　　　　　　　　　年　　　月　　　日現在

60代

70代

80代

90代

100代

● **支援者からの応援メッセージ**

本人の目標に向けて、支援者からの応援メッセージを残しておきましょう。

名前　　　　　　　　　　　　　　　　　年　　月　　日現在

暮らしの金銭管理

● 定期的な収入

定期的な収入には、年金（公的年金・私的年金）、給与、不動産収入（家賃収入）などがあります。
定期的な収入について記入してみましょう。

（記入例）　　　　　　　　　　　　　　　　　　　　年　　月　　日現在

項目	金額	入金方法
年　金	月額　約￥ 100,000	☑ 振込　□ 現金　□ その他
金融機関・通帳No.　品川郵便局　普通預金　No. 000-00000		備考

項目	金額	入金方法
	月額　￥	□ 振込　□ 現金　□ その他
金融機関・通帳No.　　　　　　　　　　　　　　No.		備考

項目	金額	入金方法
	月額　￥	□ 振込　□ 現金　□ その他
金融機関・通帳No.　　　　　　　　　　　　　　No.		備考

項目	金額	入金方法
	月額　￥	□ 振込　□ 現金　□ その他
金融機関・通帳No.　　　　　　　　　　　　　　No.		備考

項目	金額	入金方法
	月額　￥	□ 振込　□ 現金　□ その他
金融機関・通帳No.　　　　　　　　　　　　　　No.		備考

項目	金額	入金方法
	月額　¥	□ 振込　□ 現金　□ その他
金融機関・通帳No.		備考
No.		

項目	金額	入金方法
	月額　¥	□ 振込　□ 現金　□ その他
金融機関・通帳No.		備考
No.		

項目	金額	入金方法
	月額　¥	□ 振込　□ 現金　□ その他
金融機関・通帳No.		備考
No.		

項目	金額	入金方法
	月額　¥	□ 振込　□ 現金　□ その他
金融機関・通帳No.		備考
No.		

項目	金額	入金方法
	月額　¥	□ 振込　□ 現金　□ その他
金融機関・通帳No.		備考
No.		

年金番号・年金種類の把握をしておきましょう。

年金証書は大切に保管しておきましょう。

● 預貯金

預貯金（普通預金、定期預金など）について整理、記入してみましょう。
カード欄については、28頁に記載欄があります。
貸金庫欄については、29頁に記載欄があります。

（記入例）　　　　　　　　　　　　　　　　　　　年　　　月　　　日現在

金融機関名		支店名	
品川銀行		大井支店	
種類	口座番号	キャッシュカード	備考
☑普通　□定期　□他（　　）	No. 000-00000	☑有　□無	

金融機関名		支店名	
種類	口座番号	キャッシュカード	備考
□普通　□定期　□他（　　）	No.	□有　□無	

金融機関名		支店名	
種類	口座番号	キャッシュカード	備考
□普通　□定期　□他（　　）	No.	□有　□無	

金融機関名		支店名	
種類	口座番号	キャッシュカード	備考
□普通　□定期　□他（　　）	No.	□有　□無	

金融機関名		支店名	
種類	口座番号	キャッシュカード	備考
□ 普通　□ 定期　□ 他（　　　）	No.	□ 有　□ 無	

金融機関名		支店名	
種類	口座番号	キャッシュカード	備考
□ 普通　□ 定期　□ 他（　　　）	No.	□ 有　□ 無	

金融機関名		支店名	
種類	口座番号	キャッシュカード	備考
□ 普通　□ 定期　□ 他（　　　）	No.	□ 有　□ 無	

金融機関名		支店名	
種類	口座番号	キャッシュカード	備考
□ 普通　□ 定期　□ 他（　　　）	No.	□ 有　□ 無	

金融機関名		支店名	
種類	口座番号	キャッシュカード	備考
□ 普通　□ 定期　□ 他（　　　）	No.	□ 有　□ 無	

わたしのこと

暮らしの金銭管理

健康のこと

葬儀・遺言の準備

● 有価証券・その他の金融資産

有価証券（国債、株式、社債など）やその他の金融資産（純金積立、ゴルフ会員権など）について記入してみましょう。

（記入例）　　　　　　　　　　　　　　　　　　　　　年　　　月　　　日現在

内容　（主な国債・株式・社債などの具体的な内容）		
品川ABCファンド		
取扱機関	取引店	連絡先
品川ABC信託銀行	品川支店	TEL 03-0000-0000
名義人	口座番号	評価額合計
品川花子	0012345	平成27年 1月31日現在 約10,000,000 円

内容　（主な国債・株式・社債などの具体的な内容）		
取扱機関	取引店	連絡先
		TEL
名義人	口座番号	評価額合計
		年　　月　　日現在 　　　　　　　　円

内容　（主な国債・株式・社債などの具体的な内容）		
取扱機関	取引店	連絡先
		TEL
名義人	口座番号	評価額合計
		年　　月　　日現在 　　　　　　　　円

内容　（主な国債・株式・社債などの具体的な内容）		
取扱機関	取引店	連絡先 TEL
名義人	口座番号	評価額合計 　　　年　　　月　　　日現在 　　　　　　　　　　　　　　　円

内容　（主な国債・株式・社債などの具体的な内容）		
取扱機関	取引店	連絡先 TEL
名義人	口座番号	評価額合計 　　　年　　　月　　　日現在 　　　　　　　　　　　　　　　円

内容　（主な国債・株式・社債などの具体的な内容）		
取扱機関	取引店	連絡先 TEL
名義人	口座番号	評価額合計 　　　年　　　月　　　日現在 　　　　　　　　　　　　　　　円

内容　（主な国債・株式・社債などの具体的な内容）		
取扱機関	取引店	連絡先 TEL
名義人	口座番号	評価額合計 　　　年　　　月　　　日現在 　　　　　　　　　　　　　　　円

● その他の資産など

貴金属、美術品などを記入してみましょう。

(記入例)　　　　　　　　　　　　　　　　　　　　年　　月　　日現在

名称	内容	保管場所
腕時計	メーカー ○○○ ¥600,000―	2Fタンス引き出し
備考		
海外旅行先で購入		

名称	内容	保管場所
備考		

名称	内容	保管場所
備考		

名称	内容	保管場所
備考		

名称	内容	保管場所
備考		

名称	内容	保管場所
備考		

名称	内容	保管場所
備考		

名称	内容	保管場所
備考		

名称	内容	保管場所
備考		

名称	内容	保管場所
備考		

名称	内容	保管場所
備考		

● 保　険

生命保険、医療保険、個人年金保険、火災保険、自動車保険、学資保険など、契約している保険を記入してみましょう。
保険料の支払については26頁に記入欄があります。

（記入例）　　　　　　　　　　　　　　　　　　　　　　年　　　月　　　日現在

保険会社	種類	証券No.	契約者	受取人
品川生命保険	養老保険	〇〇-0000	品川太郎	品川花子
契約日		満期日		備考
昭和 〇〇年 〇〇月 〇〇日		平成 〇〇年 〇〇月 〇〇日		

保険会社	種類	証券No.	契約者	受取人
契約日		満期日		備考
年　　月　　日		年　　月　　日		

保険会社	種類	証券No.	契約者	受取人
契約日		満期日		備考
年　　月　　日		年　　月　　日		

保険会社	種類	証券No.	契約者	受取人
契約日		満期日		備考
年　　月　　日		年　　月　　日		

保険会社	種類	証券No.	契約者	受取人

契約日	満期日	備考
年　　月　　日	年　　月　　日	

保険会社	種類	証券No.	契約者	受取人

契約日	満期日	備考
年　　月　　日	年　　月　　日	

保険会社	種類	証券No.	契約者	受取人

契約日	満期日	備考
年　　月　　日	年　　月　　日	

保険会社	種類	証券No.	契約者	受取人

契約日	満期日	備考
年　　月　　日	年　　月　　日	

保険会社	種類	証券No.	契約者	受取人

契約日	満期日	備考
年　　月　　日	年　　月　　日	

保険の契約の内容を確認し、保険金の請求もれや補償切れに気をつけましょう。

● **不動産**

所有している土地、建物、駐車場などを記入してみましょう。

（記入例）　　　　　　　　　　　　　　　　　　年　　　月　　　日現在

種類	不動産の内容（例：自宅、別荘、貸家 etc.）
☑ 土地　　☑ 建物 ☐ マンション・アパート　　☐ 駐車場 ☐ 田畑　　☐ その他（　　　　　）	自宅

名義人（共有者含む）		持ち分
品川A子（本人）　　品川B男（夫）		本人と夫 $\frac{1}{2}$ ずつ

所在地・地番
品川区大井×丁目×番×

登記簿記載内容	面積
抵当権　☐ 設定なし 　　　　☑ 設定あり　　抵当権者　○○銀行	3LDK 75㎡

登記識別情報（登記済権利証）保管場所	備考
○○銀行△△支店の貸金庫	

種類	不動産の内容（例：自宅、別荘、貸家 etc.）
☐ 土地　　☐ 建物 ☐ マンション・アパート　　☐ 駐車場 ☐ 田畑　　☐ その他（　　　　　）	

名義人（共有者含む）		持ち分

所在地・地番

登記簿記載内容	面積
抵当権　☐ 設定なし 　　　　☐ 設定あり	

登記識別情報（登記済権利証）保管場所	備考

種類	不動産の内容（例：自宅、別荘、貸家 etc.）
☐ 土地　☐ 建物 ☐ マンション・アパート　☐ 駐車場 ☐ 田畑　☐ その他（　　　　）	

名義人（共有者含む）	持ち分

所在地・地番

登記簿記載内容	面積
抵当権　☐ 設定なし 　　　　☐ 設定あり	

登記識別情報（登記済権利証）保管場所	備考

種類	不動産の内容（例：自宅、別荘、貸家 etc.）
☐ 土地　☐ 建物 ☐ マンション・アパート　☐ 駐車場 ☐ 田畑　☐ その他（　　　　）	

名義人（共有者含む）	持ち分

所在地・地番

登記簿記載内容	面積
抵当権　☐ 設定なし 　　　　☐ 設定あり	

登記識別情報（登記済権利証）保管場所	備考

 登記事項証明書（登記簿謄本）を法務局で取得し、内容を確認しておきましょう。

● 定期的な支払

税金や保険料、公共料金などを記入してみましょう。

（記入例）　　　　　　　　　　　　　　　　　　　　　年　　　月　　　日現在

項目	支払方法	事業所・問合せ先	備考
電気	☑引落し　☐集金　☐振込	○○○センター 03-0000-0000	

項目	支払方法	事業所・問合せ先	備考
	☐引落し　☐集金　☐振込		
	☐引落し　☐集金　☐振込		
	☐引落し　☐集金　☐振込		
	☐引落し　☐集金　☐振込		
	☐引落し　☐集金　☐振込		
	☐引落し　☐集金　☐振込		
	☐引落し　☐集金　☐振込		
	☐引落し　☐集金　☐振込		
	☐引落し　☐集金　☐振込		
	☐引落し　☐集金　☐振込		

項目	支払方法	事業所・問合せ先	備考
	□ 引落し　□ 集金　□ 振込		
	□ 引落し　□ 集金　□ 振込		
	□ 引落し　□ 集金　□ 振込		
	□ 引落し　□ 集金　□ 振込		

● **借入金・ローン**

借入金やローンがあれば記入してみましょう。

　　　　　　　　　　　　　　　　　　　　　　　年　　　月　　　日現在

ローンの内容			
借入先		借入日	
借入金額	円	借入残高	円
返済期限			
契約書の保管場所			

● **借金の保証人など**

保証した日		保証した金額	
あなたが保証した人	氏名		連絡先
お金を貸した人	氏名		連絡先
契約書の保管場所			

● カード類

あなたの所有しているカード類について記入してみましょう。

（記入例）　　　　　　　　　　　　　　　　　　　年　　　月　　　日現在

カード名	カードの種類	緊急連絡先（紛失時）
品川カード	クレジットカード	品川銀行緊急センター 03-0000-0000

カード名	カードの種類	緊急連絡先（紛失時）

カード名	カードの種類	緊急連絡先（紛失時）

● 貸金庫

所有している貸金庫を記入してみましょう。

　　　　　　　　　　　　　　　　　　　　　　年　　　月　　　日現在

金融機関・支店名	内容・保管しているものなど

● ペット

大切なペットの世話ができなくなる場合を想定して、ペットに関する情報を記入してみましょう。

ペットについて　　　　　　　　　　　　　　　年　　月　　日現在

名前	生年月日			性別
	年	月	日	

生物名	種類
□イヌ　□ネコ　□鳥　□魚　□その他（　　　　）	

血統書	登録番号
□あり（　　　　　　に保管）　□なし	

いつものエサ、回数	好きなエサ、回数	嫌いなエサ、回数

病気・ケガなど	避妊・去勢手術／予防接種

くせ、注意すること	散歩の回数

名前	生年月日			性別
	年	月	日	

生物名	種類
□イヌ　□ネコ　□鳥　□魚　□その他（　　　　）	

血統書	登録番号
□あり（　　　　　　に保管）　□なし	

いつものエサ、回数	好きなエサ、回数	嫌いなエサ、回数

病気・ケガなど	避妊・去勢手術／予防接種

くせ、注意すること	散歩の回数

かかりつけの病院

病院名	連絡先	備考

加入保険

保険会社名
TEL
保険内容や請求方法など

行きつけのトリミングサロンなど

名称・連絡先	内容

もしもの時の希望（もしもの時に預かってくれる人や施設の希望など記入してみましょう）

● パソコン

パソコンを使用しなくなった場合に備えて、データなどの取扱いについて記入してみましょう。　　　　　　　　　　　　　　　　　　年　　月　　日現在

パソコンのデータについて（データの消去方法などの希望）

ホームページやブログ、SNSのアカウントについて （閉鎖する、そのままにするなどの希望や、アドレスID、パスワードなど）

● 財産のことで今、やっておきたいこと、整理しておきたいこと

(記入例)

生命保険証書が1通見当たらないので手続をとりたい。

平成27年5月1日記入

● 支援者からのメッセージ

(記入例)

生命保険証書は大切なものなので、手続後は大切に保管しましょう。

品川成年後見センター　担当　○○○○　　　平成27年5月10日記入

健康のこと

● 既往歴

大きな病気だけではなく、薬の副作用やアレルギーなどを記入しておきましょう。

（記入例）　　　　　　　　　　　　　　　　　　　　年　　　月　　　日現在

発症年月	病名
昭和　60　年　10　月	心臓病
病気の状況	受診、入院の病院
現在は完治	品川病院

発症年月	病名
年　　　月	
病気の状況	受診、入院の病院

発症年月	病名
年　　　月	
病気の状況	受診、入院の病院

発症年月	病名
年　　　月	
病気の状況	受診、入院の病院

発症年月	病名
年　　　月	
病気の状況	受診、入院の病院

発症年月	病名
年　　　月	
病気の状況	受診、入院の病院

発症年月	病名
年　　　月	
病気の状況	受診、入院の病院

薬の副作用

アレルギー

その他

● かかりつけ医

かかりつけ医を記入してみましょう。

（記入例）　　　　　　　　　　　　　　　年　　　月　　　日現在

かかりつけ医	
品川病院　　　　　　　　　　　　TEL	
受診状況	備考
☑ 通院中　（　　　月　1　回） ☐ 通院終了（　　年　　　月終了）	高血圧で通院中

かかりつけ医	
TEL	
受診状況	備考
☐ 通院中　（　　　　　　　　回） ☐ 通院終了（　　年　　　月終了）	

かかりつけ医	
TEL	
受診状況	備考
☐ 通院中　（　　　　　　　　回） ☐ 通院終了（　　年　　　月終了）	

かかりつけ医	
TEL	
受診状況	備考
☐ 通院中　（　　　　　　　　回） ☐ 通院終了（　　年　　　月終了）	

かかりつけ医	
	TEL
受診状況	備考
☐ 通院中　（　　　　　　　　回） ☐ 通院終了　（　　年　　　月終了）	

かかりつけ医	
	TEL
受診状況	備考
☐ 通院中　（　　　　　　　　回） ☐ 通院終了　（　　年　　　月終了）	

かかりつけ医	
	TEL
受診状況	備考
☐ 通院中　（　　　　　　　　回） ☐ 通院終了　（　　年　　　月終了）	

かかりつけ医	
	TEL
受診状況	備考
☐ 通院中　（　　　　　　　　回） ☐ 通院終了　（　　年　　　月終了）	

受診に必要な保険証や診察券・お薬手帳は、ひとまとめにして大切に保管しましょう。
定期的に健康診断を受けましょう。

● 入院時連絡リスト

急な入院が必要になった時のために記入してみましょう。

　　　　　　　　　　　　　　　　　　　　　　　　年　　　月　　　日現在

入院時の手続をする人はいますか？　　　　　　　□ いる　　　□ いない

いる場合、誰に依頼しますか？

名前	住所
関係（　　　　）	TEL FAX
名前	住所
関係（　　　　）	TEL FAX
名前	住所
関係（　　　　）	TEL FAX
名前	住所
関係（　　　　）	TEL FAX

手術、治療の医療同意を頼める人はいますか？　　□ いる　　　□ いない

いる場合、誰に依頼しますか？

名前	住所
関係（　　　　）	TEL FAX
名前	住所
関係（　　　　）	TEL FAX
名前	住所
関係（　　　　）	TEL FAX
名前	住所
関係（　　　　）	TEL FAX

● 医療や介護の希望

将来、医療や介護が必要になった時どうしたいと思いますか。

　　　　　　　　　　　　　　　　　　　　　年　　　月　　　日現在

☐ できるかぎり自宅で医療や介護を受けたい

☐ 子ども、親族宅で医療や介護を受けたい

☐ 病院・施設に入院・入所したい

☐ その他（　　　　　　　　　　　　　　　　　　　　　　　）

希望の病院・施設があれば記入してください。

● 告知・終末医療

あなたの気持ちを尊重した終末期を過ごすために記入してみましょう。

告知をしてほしいですか。　　　　　　　　　　　年　　月　　日現在

病気の告知	□ 希望する	□ 希望しない
余命の告知	□ 希望する	□ 希望しない

延命治療　　　　　　　　　　　　　　　　　　年　　月　　日現在

□ 希望する □ 希望しない	備考

尊厳死宣言　　　　　　　　　　　　　　　　　年　　月　　日現在

□ あり □ なし	書類保管場所	連絡先 TEL
備考		

臓器提供意思表示カード　　　　　　　　　　　年　　月　　日現在

□ あり □ なし	書類保管場所	連絡先 TEL
備考		

献体登録　　　　　　　　　　　　　　　　　　年　　月　　日現在

□ あり □ なし	書類保管場所	連絡先 TEL
備考		

● 入院・介護のことで今、やっておきたいこと、整理しておきたいこと

（記入例）

将来、介護が必要になった時、施設入所も視野に入れている。

自分が元気なうちにいろいろな施設を見学したい。　平成27年5月1日記入

● **支援者からのメッセージ**

(記入例)

施設は数や種類が多いです。サービス内容や費用、入居条件なども施設によって様々ですので、希望条件を洗い出し、一緒に施設を探しましょう。

品川成年後見センター　担当　〇〇〇〇　　　　平成27年5月10日記入

葬儀・遺言の準備

● 葬儀の希望

葬儀についての希望を記入してみましょう。

　　　　　　　　　　　　　　　　　　　　　　年　　　月　　　日現在

- □ 葬儀を行うことを希望
- □ 生前葬を希望（実施日：　　年　　　月　　　日）
- □ 葬儀は行わない

葬儀を行う場合

葬儀を執り行ってほしい人
名前　　　　　　　　　　　住所　　　　　　　　　　　　　　　　　　　　　　TEL 関係（　　　　　　　）　　　　　　　　　　　　　　　FAX

宗教・宗派

菩提寺や教会など

葬儀の場所・費用

葬儀会社

遺影の用意
□ 用意あり（保管場所　　　　　　　　　　　　　　　　）　　□ 用意なし

● **葬儀の連絡リスト**

葬儀に連絡してほしい人を記入してみましょう。

（記入例）　　　　　　　　　　　　　　　　年　　　月　　　日現在

名前 品川花子 関係（　友人　）	住所 TEL FAX
備考 高校時代の友人。一緒に受験勉強を頑張った。	

名前 関係（　　　）	住所 TEL FAX
備考	

名前 関係（　　　）	住所 TEL FAX
備考	

名前 関係（　　　）	住所 TEL FAX
備考	

名前	住所	
関係（　　　　　）		TEL FAX
備考		

名前	住所	
関係（　　　　　）		TEL FAX
備考		

名前	住所	
関係（　　　　　）		TEL FAX
備考		

名前	住所	
関係（　　　　　）		TEL FAX
備考		

名前	住所	
関係（　　　　　）		TEL FAX
備考		

● 埋葬の希望

埋葬予定の菩提寺・墓地があれば記入してみましょう。

年　　月　　日現在

菩提寺、墓地、霊園名（宗派）	所在地
	連絡先・管理事務所
	TEL

埋葬予定の墓地のない場合に、新たな埋葬方法を希望する場合
（共同墓地、散骨、樹木葬など）

	方法
☐ 希望がある	
☐ 希望はない	

● 遺 言

安心のために、ぜひ準備しておきましょう。

　　　　　　　　　　　　　　　　　　　　　　年　　　月　　　日現在

遺言書の有無

□ 有　（　昭和　・　平成　　　年　　　月　　　日　作成）　　□ 無

遺言書がある場合

	保管場所	遺言執行者・連絡先
□ 自筆証書遺言		TEL
□ 公正証書遺言	公証役場	TEL

遺言作成のポイント

・財産を誰に残したいか（預貯金、有価証券、不動産、貴金属などの思い出の品）

・葬儀はどのような形で行いたいか（44頁を活用）

・お墓を守ってもらいたい人は

・遺言執行者をお願いしたい人は

・家族やお世話になった人々に伝えたいメッセージ

● 葬儀・遺言のことで今、やっておきたいこと、整理しておきたいこと

(記入例)

お墓の承継者がいないので整理しておきたい。　　　平成27年5月1日記入

● 支援者からのメッセージ

（記入例）

事前にお寺へ連絡を入れ、一緒に相談に行きましょう。

品川成年後見センター　担当　〇〇〇〇　　　　　平成27年5月10日記入

書ききれなかったことや変更したい箇所などが出てきた時に、このスペースを活用してください。その際は、日付も忘れずに記入しましょう。

編者紹介

社会福祉法人品川区社会福祉協議会　品川成年後見センター

- 平成14年6月、品川区の成年後見実施機関として、社会福祉法人品川区社会福祉協議会に設立。設立以後、相談対応をはじめとして説明会の実施、寄付金を原資とした独自の報酬助成を創設するなど成年後見制度の普及に取り組んでいる。
- 法人後見の受任件数は、成年後見人等が276件、後見等監督人が113件（平成27年1月末現在）。本人の意思に沿った後見活動に重きをおいて実践するとともに、市民後見人の養成にも力を注いでいる。

〒140-0014　東京都品川区大井1-14-1　大井1丁目共同ビル2階　TEL：03-5718-7174

意思決定支援ライフプランノート
別冊解説付

定価：本体1,200円（税別）

平成27年3月25日　初版発行

編　者　社会福祉法人
　　　　品川区社会福祉協議会
　　　　品川成年後見センター

発行者　尾　中　哲　夫

発行所　日本加除出版株式会社
本　社　郵便番号 171-8516
　　　　東京都豊島区南長崎3丁目16番6号
　　　　ＴＥＬ（03）3953-5757（代表）
　　　　　　 （03）3952-5759（編集）
　　　　ＦＡＸ（03）3953-5772
　　　　ＵＲＬ　http://www.kajo.co.jp/
営業部　郵便番号 171-8516
　　　　東京都豊島区南長崎3丁目16番6号
　　　　ＴＥＬ（03）3953-5642
　　　　ＦＡＸ（03）3953-2061

組版・印刷　㈱郁文　／　製本　牧製本印刷㈱

落丁本・乱丁本は本社でお取替えいたします。
Ⓒ Shinagawa Ward Council on Social Walfare 2015
Printed in Japan
ISBN978-4-8178-4220-6 C2032 ¥1200E

JCOPY　〈㈳出版者著作権管理機構　委託出版物〉

本書を無断で複写複製（電子化を含む）することは、著作権法上の例外を除き、禁じられています。複写される場合は、そのつど事前に㈳出版者著作権管理機構（JCOPY）の許諾を得てください。
また本書を代行業者等の第三者に依頼してスキャンやデジタル化することは、たとえ個人や家庭内での利用であっても一切認められておりません。

〈JCOPY〉　ＨＰ：http://www.jcopy.or.jp/、e-mail：info@jcopy.or.jp
　　　　　電話：03-3513-6969、FAX：03-3513-6979

意思決定支援 ライフプランノート
LIFE PLAN NOTE

社会福祉法人
品川区社会福祉協議会
品川成年後見センター 編

別冊解説

　別冊解説には、品川成年後見センターが日々の相談実務の中で培った、意思決定支援に必要な内容を載せています。このノートを書き進める際の参考にしていただければ幸いです。

矢印の方向に引っぱると取り外して使えます！

日本加除出版株式会社

はじめに

　このノートは、あなたが最後まであなたらしくいられるためのものです。

　私たちは「人生一度きり」だと分かっていても、普段忙しい中で大切なヒトやコトやモノを忘れがちです。このノートに今までの人生を記してみてはいかがでしょうか。

　このノートを読んでいるあなたは、今この瞬間も大切にしていることでしょう。

　あなたの今までの人生年表を書くコトで、自分の歴史を改めて見つめ直し輝いていた頃が鮮明になるかもしれません。現在の支援者はもちろん、新たな支援者を見つけるきっかけとなります。思い出したヒトに連絡を取りたくなり、思い出の場所に行きたくなるかもしれません。また、これからの未来年表を書くコトで、一日一日を大事にしようという気持ちがより一層強くなるかもしれません。過去を振り返りながら現在を見つめ、未来をどうしていきたいか一緒に考えましょう。

　このノートは、そんなあなたのポジティブな気持ちを作り出すモノにもなるのです。

　本書は、「わたしのこと」「暮らしの金銭管理」「健康のこと」「葬儀・遺言の準備」について構成されています。普段身近な存在である家族や支援者に伝えられていない感謝のコトバも、文章として残しておくことができますので、自分の思いを伝える橋渡しとなります。自分のために記したコトが、あなたの大事なヒトの心につながります。

　「こういうコトはもっと年を重ねてから書くものだ」と思う方もいるかと思います。ただ、そういうあなたが、この本書を手に取ったというコトは必要性を感じているからです。今が書き記すタイミングなのです。

　何よりも自分自身のために、このノートを書き綴っていただければ幸いです。

平成27年3月

　　　　　　　　　社会福祉法人品川区社会福祉協議会　品川成年後見センター

支援者の皆様へ

　このノートは、最後まで本人らしくいられるためのモノです。

　本人との関わりの中で、相手の歴史やこれからのロードマップを知るコトは、よりよい支援につながります。忙しさで大切なヒトやコトやモノを忘れがちな日に一度休憩を入れ、このノートに今までの人生を記してもらうよう促してみてはいかがでしょうか。

　人生年表を書いてもらうコトで、本人の歴史を改めて見つめ直すきっかけができます。本人の今まで知らなかった一面を発見するなど、違った表情を垣間見ることができるかもしれません。現在の支援者はもちろん、思い出したヒトに連絡を取りたくなるでしょう。また、思い出の場所に行きたくなるなど、新しい気持ちが芽生えるかもしれません。そして、これからの未来年表を書くコトで、一日一日を大事にしようという気持ちがより強くなるかもしれません。本書では過去を振り返りながら現在を見つめ、未来をどうしていきたいか本人と一緒に考えるコトができます。

　このノートは、そんな本人のポジティブな気持ちを作り出すモノにもなるのです。

　支援者は、本人の状況や支援の方法、今後の生活についての見通しなどについての情報提供や様々な支援をするコトで、本人が自分の状況や望ましい生活の在り方を、客観的に考えられるよう働きかけます。

　なお、意思決定支援とは、本人の希望を聞きながら支援を決めていくコトです。本人の意思は、支援の過程でも変化しやすいコトを理解しておく必要があります。

　支援者の皆様には、何よりも本人自身のために、このノートを書き綴るコトを提案していただければ幸いです。

平成27年3月

　　　　　　　　　　社会福祉法人品川区社会福祉協議会　品川成年後見センター

目　次

目　次

はじめに ……………………………………………………………… 1
支援者の皆様へ ……………………………………………………… 3

わたしのこと ……………………………………………………… 7
- わたしの支援者リスト　　7
- わたしの年表　　7
- 輝いていたわたし　　7
- 支援者からのメッセージ　　7
- これからのロードマップ　　7

暮らしの金銭管理 ………………………………………………… 8
- 定期的な収入　　8
- 預貯金　　9
- 有価証券・その他の金融資産　　9
- その他の資産など　　9
- 保　険　　10
- 不動産　　10
- 定期的な支払　　12
- 借入金・ローン　　13
- カード類　　13
- 貸金庫　　13
- ペット　　14
- パソコン　　14

健康のこと ………………………………………………………… 15
- 既往歴　　15
- かかりつけ医　　15

- 入院時連絡リスト　15
- 医療や介護の希望　16
- 告知・終末医療　16

葬儀・遺言の準備 ……………………………………… 18
- 葬儀の希望　18
- 葬儀の連絡リスト　18
- 埋葬の希望　19
- 遺　言　19

成年後見制度とは ……………………………………… 21
- 成年後見制度　21
- 後見人の仕事の内容　21

わたしのこと

■ わたしの支援者リスト　　　　　　　　　☞ノート4頁

　周囲の人間関係や状況は日々変わっていきます。このノートを定期的に読み返す中で、支援者が変わったり、新たに加わった場合には、訂正や書き足しをしましょう。

■ わたしの年表　　　　　　　　　　　　　☞ノート6頁

　いざ考えてみると、多くのことを書きたくなると思います。

　家族、友人、仕事、趣味、大きな出来事、当時あなたが打ち込んだことなどについて、どういったことを書き記しておきたいですか。印象深い出来事や節目となったこと、楽しかったことや苦しさ、乗り越えたことなどを書き記すことができます。自分の人生の思いをここに残しましょう。

■ 輝いていたわたし　　　　　　　　　　　☞ノート8頁

　あなたの人生の中で、最も自分らしく輝いていられた時はいつでしたか。

　写真とともにその思いを残しておきましょう。輝いていた時を語ることで、周囲の支援者は、あなたをより深く知ることができます。

■ 支援者からのメッセージ　　　　　　　　☞ノート11頁

　あなたの記した内容を、支援者に読んでもらい、メッセージを記入してもらいましょう。支援者はどう感じているのでしょうか。そのメッセージは、あなたが思い描いていたものですか。

　何よりも、あなたの周りにいる人たちのメッセージほど、あなたを心強くさせるものはありません。

■ これからのロードマップ　　　　　　　　☞ノート12頁

　あなたは未来をどう描いていますか。これからの未来の目標ややってみたいことを記入してみましょう。目標ややってみたいことは、書くことでより実現しやすくなると言われています。これからの人生、あなたがあなたらしくいられますように。

暮らしの金銭管理

定期的な収入　　　　　　　　　　　　　　☞ノート14頁

あなたの定期的な収入について、記入してみましょう。

定期的な収入には、年金（公的年金・私的年金）、給与、不動産収入（家賃収入）などがあります。ここでは、主に公的年金について解説します。

公的年金には、日本国内に住所のある一定年齢の人が加入を義務づけられています。その人の働き方により加入する年金制度が決まっています。

制　度	説　明
国民年金	日本国内に住む20歳以上60歳未満のすべての人
厚生年金	サラリーマンやOLなど、民間企業で厚生年金保険の適用を受ける会社に勤務するすべての人 この場合、「国民年金＋厚生年金」の2階建て構造になる。
その他	国民年金基金・厚生年金基金など。 国民年金や厚生年金に上乗せ支給されるものがある。

【公的年金の種類】

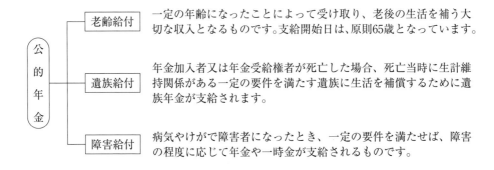

※　上記は、平成27年3月現在の制度です。なお、平成27年10月から年金制度の一元化が予定されています。

※　日本は、平均寿命が延びたことにより、今後も年金受給年齢が変更になる可能性もあります。日頃から政治や社会情勢に耳を傾けておきましょう。

支援者へ

本人の収入を把握することはとても重要です。将来、介護が必要になったり、入院や施設入所となれば、新たな支払が生じます。

本人のためにも、収入にはどのようなものがあるのか把握しておきましょう。
本人の収入の増減が生じたり、確定申告の手続を要したりするので、支援者も一緒に調べ確認しましょう。

■ 預貯金　　　　　　　　　　　　　　　☞ノート16頁

あなたの預貯金がどの金融機関にあり、総額がいくらあるのか把握しておくことは、判断能力がなくなってしまう場合や、あなたに不幸があった場合に重要な情報となります。

あなたが所有の預貯金やその他無通帳口座（インターネットバンキング）もあれば忘れずに記入しましょう。キャッシュカードについては、不正使用のおそれもありますので、有無だけを記入し暗証番号は記入しないでください。貸金庫を所有している場合は、ノート29頁に記載欄があります。

休眠口座の場合は、解約することも検討しておくなど資産の整理整頓を心掛けておくとよいでしょう。

死亡後の預貯金は、あなたが亡くなった場合、金融機関の預貯金口座は入出金や口座振替がすべてできなくなります。亡くなった方の預貯金は相続財産となるので、一部の相続人が預貯金を勝手に利用し他の相続人の権利侵害を防ぐためです。

■ 有価証券・その他の金融資産　　　　　☞ノート18頁

有価証券の国債、株式、社債などやその他の金融資産の純金積立、ゴルフ会員権などがあれば記入しましょう。これらを何種類・何社も持っており、把握が難しい場合もあると思いますが、ノートに記入しておくことで、あなたが持っている資産を再確認できます。

■ その他の資産など　　　　　　　　　　☞ノート20頁

貴金属や美術品などについて記入しておきましょう。資産価値の有無にかかわらず「思いの詰まったもの」については、どうしたいのかを整理しておくとよいでしょう。

> 支援者へ
> 本人の預貯金やその他資産を把握するには時間と労力が必要です。本人が認知症などになり、現状把握ができない場合もあります。本人に、金融機関の通知書や書類をまとめ、その他の資産の所在を明らかにするなどのアドバイスをしておくとよいでしょう。

◾ 保 険　　　　　　　　　　　　　　　　☞ ノート22頁

　せっかく保険に入っていても、重複したり、加入に気付かずに請求し忘れてしまうことがありますので、日頃から、内容を把握し、もれなく請求できるように記しておきましょう。

　生命保険は、「誰」に「いくら」支払われるかを把握しておきましょう。

　生命保険に入っている場合には、その保険からのお金を実際に使えるのは「受取人」になります。少なくとも「受取人」となる人にも、その旨を知らせておくことが大切です。

　保険証券の管理も大切です。

　あなたが保険証券を紛失してしまった場合、保険会社にはデータがありますので、再発行の請求ができますが、あなた以外の第三者が問い合わせても簡単には教えてもらえないことがあります。紛失したことが分かった時点で速やかに再発行手続をしておきましょう。

　保険請求ができる権利にも時効があります。保険会社の保険金の支払義務は、時効により3年で消滅することになっています。保険商品や保険の種類によって起算日が異なっています。永年にわたり掛けた保険料を無駄にしないように注意しましょう。

> 支援者へ
>
> 　本人が認知症になると保険証券の場所が分からなくなる、入っている保険内容も分からないということは、よく聞く話です。支援者として、本人の加入している保険が「誰に」「いくら」支払われるかなど内容の把握が必要です。日頃から、本人と支援者で保険の内容を共有しておくと、いざというときに手続がスムーズにできます。

◾ 不動産　　　　　　　　　　　　　　　　☞ ノート24頁

　「不動産」には様々な種類があります。

　この機会に、登記事項証明書（登記簿謄本）[※1]を取得し、再確認してみるとよいでしょう。「名義が亡くなった家族のままで、何代にも及ぶ煩雑な相続手続が必要になった」、「外したはずの抵当権が残ったままになっていた」ということもあります。早いうちに不動産の状況を確認し、トラブルになる前に処理することが大切です。

　また、普段使用していない不動産（遠方地や山林など）は、家族や支援者が全く知らないということもあります。取得した経緯も併せてノートに記入しておくとよいでしょう。

　不動産の活用方法（売る・貸す・維持する）について考えがある場合は、その考え

を伝えておくことも有効でしょう。あなたの意思に沿って家族や支援者が管理する際にヒントになると思います。

共有名義の不動産を所有している方は、例えば、固定資産税[※2]について、共有者とどのように取り決めているかを明確にしておく必要があります。支払方法や割合、時期など文書にして整理しておきましょう。

不動産を担保に融資[※3]を受けた後、返済が完了していれば、トラブル防止のために速やかに担保設定を解除しておきましょう。

【賃貸物件について】

不動産を貸している場合や借りている場合に、「契約書」や仲介している不動産業者などについて、整理、確認しておきましょう。

賃貸料の収受に関する書類（家賃帳など）、賃貸料の受渡しの方法（振込み・手渡し）、受渡しの時期、更新料の有無、退去または返却時の条件などは、口約束ではなく、文書にして明確にしておくことが重要です。事情が分からないままで家族や支援者が引き継ぐと、不利益が生じたり、賃借人に迷惑をかけたりすることになる可能性があります。

支援者へ

不動産に関する他者との契約は、口約束のままでは本人にトラブルが生じてしまうことがあります。あらかじめ文書などにより、はっきりさせておくことが大切です。その際には、双方で具体的な内容が確認できているとより安心です。

特に契約期間が長い借地契約は、貸主や借主が代替わりしていたり、地代の収受の方法など当事者間でしか分からない場合も見受けられます。地代や更新料などの支払が遅れて契約が更新できなくなったり、適正な収入を得られなくなったりすることのないよう、注意が必要です。また、借主には借地権[※4]という権利もありますので、契約の内容をよく見直しておく必要があります。

※1　登記事項証明書（登記簿謄本）

　法務局で取得できますが、地番や家屋番号の情報が必要です。住居表示しか分からない状態で申請するときは、事前に登記簿上の地番や家屋番号を登記識別情報（登記済権利証）または、その不動産の管轄法務局に備付けの地図などで確認してください。現在の権利関係のみを知りたい場合は、現在事項証明書、過去から現在までの権利関係の変遷も知りたい場合には、全部事項証明書を取得しましょう。

※2　固定資産税

　固定資産税は、毎年1月1日（これを「賦課期日」という）現在の土地や家屋（これらを「固定資産」という）の所有者に対し、その固定資産の価値を基に算定される税額を市区町村が課税する税金です。

ただし、東京都23区内においては、特例で都が課税することになっています。
※3　不動産担保融資
土地、建物などの不動産を担保にした融資です。不動産購入時に購入費用の融資を受けるケースも多くあります。
※4　借地権
建物所有を目的とするその土地の地上権または賃借権をいいます。契約時の状況を確認しておく必要があります。

■ 定期的な支払　　　　　　　　　　　　☞ノート26頁

生活をする場合には、様々な定期的支払が発生します。

例えば、電気、ガス、水道の料金などです。もし、支払が滞った場合には、電気などが止められてしまうことも考えられます。そのためにも、自動引落しにしておくと安心です。また、自動引落しにすることで、通帳にも項目が記帳されるので確認がすぐにとれます。

公共料金の他には、マンションであれば管理費、借地であれば地代などがあります。これらも、自動引落しにしていれば安心です。しかし、地代などは地主に直接支払っているというケースもあります。地代の金額や地主の名前、連絡先、借地の更新時期、また更新料金の確認もしておくと安心です。

税金には、住民税、固定資産税などがあります。納付が遅れた場合には督促、催告通知などが届き、延滞料金が発生する場合がありますので、自動引落しが可能であれば、手続した方が安心でしょう。

その他、年1回程度の支払で、自動引落しができないものなどもあります。例えば、墓地管理費などの振込依頼が届く場合があります。本人の亡くなった後で利用するものなので、滞りなく支払をしておきたいものです。

届いた通知などは大切に保管したり、支援者にその存在や保管場所を伝えておくと安心です。

また、親族間の話合いで、地代や税金を分担し合っている場合は、その内容を記録として残すか、覚書などの書面で残し、他の親族や支援者も分かるようにしておくと支払はスムーズになります。

> 支援者へ
> 定期的な支払に何があるか全体を把握しましょう。自動引落しにすることで、未払が発生しにくくなり安心です。

◼ 借入金・ローン　　　　　　　　　　　☞ノート27頁

　あなたに借入金やローンがある場合、返済が滞ると延滞損害金となり返済額は増額していきます。借入先（金融機関、消費者金融など）、借入金額、借入残高、返済期限、契約書類の保管場所などを記入しておきましょう。

　あなたの借入金やローンは、相続の対象となります。さらに、第三者の連帯保証人となっていると、連帯保証人としての義務が相続人に引き継がれます。

　また、あなたが亡くなり、相続人があなたの連帯保証人になっているときは、連帯保証人としての義務が生じますので注意しましょう。

> 支援者へ
> 　本人のローンや保証人としての保証債務も把握しておかないと思わぬトラブルの原因となります。トラブルを避けるためにも整理し、記入するようにアドバイスを十分にしておきましょう。

◼ カード類　　　　　　　　　　　　　　☞ノート28頁

　あなたの所有しているカードについて、確認、整理してみましょう。不正使用のおそれがありますので、カード番号や暗証番号は記入しないで、カードの取扱いにも十分に注意しましょう。

> 支援者へ
> 　カードには、本人の様々な個人情報が入っています。そのため、カード番号や暗証番号などの重要な情報は、不正使用防止のために厳重に管理するよう本人に伝えましょう。使用していないカード類については、今のうちから整理をするなどのアドバイスをしましょう。

◼ 貸金庫　　　　　　　　　　　　　　　☞ノート29頁

　あなたが貸金庫を利用している場合は、貸金庫の所在（金融機関・支店名）、保管しているものについて記入しておきましょう。

　貸金庫は、本人の死亡が判明すると、相続人全員の同意のもと、保管物の引渡しがされますので、このような事態に備えて、このノートに記入しておきましょう。

> 支援者へ
> 　本人が亡くなったあと、本人の貸金庫の所在を把握できていなかったために、相続手続に支障が生じることがないように、貸金庫の所在、保管している内容などについて、一緒に把握しておきましょう。

■ ペット　　　　　　　　　　　　　☞ノート30頁

あなたが病気、寝たきり、認知症などになったときに大切なペットの世話ができなくなることを想定して、ペットの基本的な情報を記入しておいたり、もしものときに預かってくれる人や施設の希望があれば伝えておくと安心です。

【相談先】
- お住まいの市区町村の保健所
- 市区町村の動物愛護相談センター

> 支援者へ
> 　本人が大切に育ててきたペットについては、本人がノートにペットの情報を書いておくのと同時に万一のときに引取り先をどうするかを本人と日頃から話し合っておくとよいでしょう。

■ パソコン　　　　　　　　　　　　☞ノート31頁

あなたは、パソコンを使わなくなったときに保存しているデータをどのように処理したいですか。パソコンを廃棄する際には、重要なデータは消去した方が安心です。データを削除しても本来のデータは残っており、復元すれば読み取られてしまいます。方法によって専用ソフトや専門業者に依頼する必要があります。どのようにしたいか記してみてはいかがでしょうか。ホームページやブログを開設したりSNSにアカウントを持っていますか。あなたが使わなくなったらブログやSNSのアカウントはどのようにしますか。「閉鎖したい」、「そのまま残しておきたい」など希望があれば併せて記入しておきましょう。

健康のこと

■ 既往歴 　　　　　　　　　　　　　　　☞ノート34頁

　過去と現在の自分の健康状態について、あなたが急に病院にかかったときにすぐに伝えられるように、記入しておきましょう。既往歴を書き出すことで、今後の健康維持にも役立ちます。

> 支援者へ
>
> 　大きな病気だけでなく、薬の副作用、アレルギーなどの健康状態を把握します。過去にどのような病気にかかっていたかを知ることは、これからの治療方法を決める上で、とても重要な情報になり、本人に代わって医師へ伝える際に役立ちます。

■ かかりつけ医 　　　　　　　　　　　　☞ノート36頁

　かかりつけ医は、日頃からあなたが健康について相談をしたり、体の調子が悪くなったときに診てもらう医師です。

　普段からあなたの体のことを知っている医師がいるというのは、とても心強いものです。

　あなたが急に具合が悪くなっても、必要に応じて適切な医療機関を紹介してもらえますので、支援者へかかりつけ医を伝えておきましょう。

　また、保険証や診察券・お薬手帳は一緒に保管し、支援者へ保管場所を伝えておくと良いです。

> 支援者へ
>
> 　かかりつけ医は今かかっている病気だけでなく、本人の既往歴などを把握しています。
>
> 　日常的によくある病気や怪我などの健康に関することは何でも相談できますので、かかりつけ医と積極的に連携をとりましょう。
>
> 　また、介護サービスを利用するための要介護・要支援認定の申請の際には、主治医に関する情報が必要となり大切な役割を担います。

■ 入院時連絡リスト 　　　　　　　　　　☞ノート38頁

　病院に入院すると身元引受人や医療同意をしてくれる人を求められることがあります。あらかじめ支援者連絡リストを作成しておけば、急な入院の場合にも安心です。頼める人がいる場合には、名前・関係・連絡先を記入しておきましょう。

> 支援者へ
> 　入院時連絡リストは、本人の関係者を把握するという意味でも重要な情報源といえます。支援者連絡リストが作成されている場合には、その方がどこまで関わりを持ってくれるのか、あらかじめ確認しておくことも必要です。

■ 医療や介護の希望　　　　　　　　　　　☞ノート39頁

　あなたが病気になったときのこと、介護を受ける必要が出てきたときのことをまだイメージできない、という方もいるかもしれません。

　もちろん、病気にならない方、介護を受ける必要がない方もいらっしゃいます。しかし、いつ何が起こるか分かりません。あなたが病気や認知症で寝たきりになった場合、どこで誰に介護を受けたいのか、今のうちからイメージしておくことは大切なことです。

　病気になったときや介護が必要になったときに自分の意思が伝えられない場合もありますので、在宅生活や施設入所などといった希望がある場合には、あらかじめ支援者に伝えておきましょう。

> 支援者へ
> 　病気になったときや介護が必要になったとき、本人の意思に沿った支援をすることが求められます。あらかじめ本人の意思を確認しておき、病気になったとき、介護が必要になったときの対応を想定しておきましょう。

■ 告知・終末医療　　　　　　　　　　　☞ノート40頁

　価値観が多様化する昨今、死生観や終末期に対する考えは様々にあります。医療の現場では、患者本人へ、病名・余命の告知がなされることも一般化してきています。本人が意思表明を十分にできない状況では、支援者は、終末期に直面する本人に対して、どのように支援したらよいか、対応に苦慮するところです。終末期をどのように生きたいか、どのような医療を希望するか、自分の意思をあらかじめ書き記して、将来支援者を通じて伝えてもらえるように、準備しておくことが大切です。

　終末医療では、どのような延命治療を希望するか問われます。

　延命治療とは、回復の見込みがないと診断され、死期が近づいている状態において、心肺蘇生マッサージ、昇圧剤の投与、人工呼吸器、胃ろう造設など[※1]による生命を維持するための治療です。

不治で末期のときは延命治療を施さないでほしいという意思として、尊厳死[※2]宣言を公正証書などで残すこともできます。

公正証書などによる尊厳死宣言は、法的効力があるものではありませんが、意思表明する1つの方法です。尊厳死は、国によっても定義は異なり、安楽死と並んで議論されています。延命治療に対する考えがあれば、自分にとって、一番良い意思表明の方法を検討しましょう。延命治療に関する意思を、文書で残す場合には、文書の保管場所と内容を支援者に知らせておくことも大切です。

死後に臓器提供や献体を希望する場合には、臓器提供意思表示カードや献体会員証など、関係書類の保管場所と内容を支援者に知らせておき、万一のために備えておきましょう。

※1　心肺蘇生マッサージ　　心肺機能を維持する治療
　　　昇圧剤の投与　　　　　心肺機能を維持する治療
　　　人工呼吸器　　　　　　自発呼吸ができない状態となり、口や鼻からチューブを挿管する気管挿管を継続しても、回復の見込みがない場合は、気管切開してチューブを挿管する治療
　　　胃ろう造設　　　　　　口からの食物・水分の補給が困難な場合、胃壁と腹壁に穴をあけてチューブを取り付け、外から直接胃に栄養剤などを注入する治療

※2　尊厳死
　　　不治で末期に至った患者が、本人の意思に基づいて、死期を単に引き延ばすためだけの延命措置を断わり、自然の経過のまま受け入れる死のことをいいます（一般社団法人日本尊厳死協会HPより）。

> **支援者へ**
>
> 　本人が書き記した告知や終末医療への意思は、本人の置かれる状況によって意思内容が変化することも考えられます。支援者は時折、本人とその話題に触れながら、本人の意思に変化が生じているか、変化があればどのようなことを新たに希望しているか、確認しておきましょう。また、支援者は終末医療に関する本人の意思表明となる文書について、保管場所や内容を把握し、万一のときに対応できるようにしておきましょう。

葬儀・遺言の準備

■ 葬儀の希望　　　　　　　　　　　　☞ノート44頁

あなたは、自分自身の葬儀についてどのようなイメージを持っていますか。葬儀を執り行う人は、慌ただしく葬儀の準備をしていくことになりますので、自分の葬儀への意思をあらかじめ支援者に伝えておきましょう。

葬儀のために検討しておくこと
- ●葬儀を誰に執り行ってもらうか。
- ●葬儀はどのように執り行ってもらうか。

あなたの宗教・宗派、菩提寺、教会について記入しておきましょう。葬儀の場所、費用、葬儀会社の希望があれば記入し、また、遺影に使ってもらいたい写真がありましたら、このノートと一緒に保管して支援者に伝えておきましょう。

意思に沿った葬儀を実現するための準備（遺言の作成など）をできる範囲でしておく必要もあります。遺言についてはノート50頁を参照してください。

> **支援者へ**
> 　葬儀の準備は、葬儀会社の手配や葬儀費用の用意、菩提寺や教会などへの連絡といった早急な対応を求められます。葬儀について、本人の容態が悪化してしまうと、本人と具体的な話ができなくなりますので、早い時期に、本人の意向を確認して、対応を把握し想定しておきましょう。本人が、菩提寺や教会などとどのような付き合いを持っているのか、葬儀に関して本人と菩提寺や教会などとの間で話が持たれている場合は、その内容を確認しておくと良いでしょう。また、今後の年回忌を何回忌までやるのかについての聞き取りも大切です。

■ 葬儀の連絡リスト　　　　　　　　　　☞ノート46頁

葬儀の際に連絡すべき人、参列してもらいたい人の連絡リストを作成すると良いでしょう。

> **支援者へ**
> 　本人がお亡くなりになったときに、速やかに連絡ができるよう、葬儀の連絡リストの把握は必要です。

● 埋葬の希望　　　　　　　　　　　　　　☞ノート48頁

埋葬には、一般的な墓地で埋葬する方法と、自然葬（散骨や樹木葬など）といった様々な方法があります。費用や場所などを考慮し、あなたの希望する埋葬についてあらかじめ考えをまとめておくと良いでしょう。

> **支援者へ**
>
> 既にお墓をお持ちの方や、これから購入を検討される方など本人の状況は様々です。また、最近では特定の宗教や宗派にとらわれず、自分らしさを追求した埋葬方法を選ぶ人も増えています。そのため、まずは本人から、埋葬についての考えを丁寧に聞き出すことが必要です。

● 遺　言　　　　　　　　　　　　　　　　☞ノート50頁

遺言とは、あなたの最後の意思を、家族やお世話になった人々に伝え、希望どおり実現してもらうためのものです。最後の意思とは、あなたが築き上げてきた財産を誰に残したいか、葬儀はどのような形で行いたいか、お墓を誰に守ってもらいたいかなどの思いを残すことです。遺言は、満15歳以上で判断能力があれば、誰でも作成できます。しかし、判断能力がなくなれば、遺言はできなくなります。あなた自身が今は元気だと思っていても、いつ何が起こるかは、誰にも予想できません。大切な人々に残したい意思があるのであれば、元気なうちに遺言を作成し、備えておくことが必要です。

遺言は、あなたの意思を確実に実現させる必要があるため、厳格な方式が定められています。そのため、方式に従わない遺言は、すべて無効になります。ここでは、自筆証書遺言、公正証書遺言を紹介します。

【自筆証書遺言】

本人が日付・氏名だけでなく全文を自書し、押印します。家庭裁判所の検認[※1]が必要です。

- ●メリット　　いつでも書くことができます。費用が掛かりません。
- ●デメリット　方式に不備があると無効になります。発見されない、破棄、隠匿される可能性があります。

【公正証書遺言】

公証役場で作成します。作成時、証人が2人必要です。

- ●メリット　　原本が公証役場に保管されるため、破棄、隠匿されることがありません。家庭裁判所の検認が不要です。
- ●デメリット　費用が掛かります。

遺言を作成した後に、時が経ち、環境・状況が変わると、あなたの意思が変わることもあります。意思が変わった場合には、いつでも何度でも訂正・変更・取消しが可能です。ただし、遺言の方式に従う必要があります。

　遺言を作成してみようと思われた方は、あなたのお気持ちを書き出してみることから始めてみてはいかがでしょうか。

　遺言を既に作成している、若しくは、今後作成した場合には、家族や支援者に分かっておいてもらえるように、どの方式に沿って作成したのかを記入しておきましょう。

※1　検　認
　　本人がお亡くなりになった後に、家庭裁判所が遺言の存在と内容を確認することです。これは遺言が執行される前に遺言の状態を確認し、偽造、変造を防ぐために行われるものです。なお、検認は上記のように一種の証拠保全手続なので、遺言の内容の有効性を確認するものではありません。したがって、検認を受けたから遺言が有効であるとは限りません。

支援者へ

● 本人の判断能力が低下している場合
　　遺言を作成・訂正・取消しをするには、本人の遺言をする能力を確認する必要があります。確認する度に、本人の話す内容が違うなど、判断能力に疑問が持たれる場合には、本人の状態を確認しながら、法律の専門家に相談し、話を進めましょう。状態によっては、専門医の診断が必要な場合もあります。

● 本人が、法定相続人以外にも財産を残したいと話している場合
　　法定相続人以外の方とは、子の配偶者、友人、お寺や教会などを指します。本人が大切に守り抜いてきた財産を希望どおりに残すためには、遺言を作成する必要があることを本人へ伝えましょう。

成年後見制度とは

■ 成年後見制度

　認知症高齢者や知的障害者、精神障害者など自分で十分な判断をすることができない人が、財産の取引などの契約や各種手続を行うときに、一方的に不利な契約を結ばないよう法律面で支援するとともに、適切な福祉サービスにつなげるなど生活面で援助し、本人の権利や財産を守ることを目的とするのが成年後見制度です。

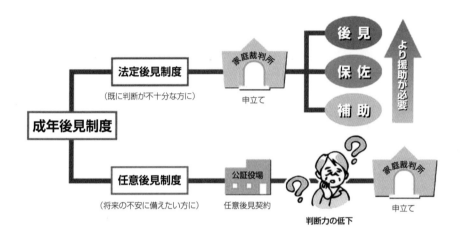

■ 後見人の仕事の内容

　後見人の主な仕事は身上監護と財産管理の2つに分けられます。

【身上監護】

　身上監護とは、介護契約や施設入所契約など本人の身上の世話や療養看護に関することです。

- 医療に関すること

    受診、治療、入院などの契約、費用の支払など

- 本人の住居に関すること

    住居確保や契約、費用の支払など

- 施設の入退所に関すること

    老人ホームなどの施設の入退所や費用の支払、処遇の監視など

- 介護・生活に関すること

    介護保険の利用や介護サービスの依頼、費用の支払など

【財産管理】
　財産管理とは、本人の資産や負債、収入及び支出の内容を把握し、本人のために必要な支出を計画的に行いながら資産を維持していくことです。
- 登記識別情報（登記済権利証）や通帳などの保管
- 遺産相続などの各種行政上の手続
- 収入（年金、給与、預貯金、生命保険など）、支出（公共料金、住宅ローン、税金、保険料など）の管理
- 銀行や郵便局など金融機関との取引
- 不動産など重要な財産の管理、保存、処分など

以下のような内容は含まれません。
- 毎日の買物や、身体介護など
- 賃貸契約の保証人や入院・施設入所の際の身元保証人、身元引受人など
- 治療や手術、臓器提供についての同意
- 遺言や養子、認知、結婚、離婚などの意思表示

平成27年3月25日　初版発行

意思決定支援 ライフプランノート
別冊解説

編　者　社会福祉法人
　　　　品川区社会福祉協議会
　　　　品川成年後見センター

発行所　日本加除出版株式会社

矢印の方向に引っぱると取り外して使えます！